EDIÇÃO E REVISÃO Amanda Bruno de Mello
CAPA Alex Brito
ILUSTRAÇÕES Vitória Lopes Baroncelli
DIAGRAMAÇÃO Luís Otávio Ferreira
COORDENAÇÃO EDITORIAL Lucas Maroca de Castro

Dados Internacionais de Catalogação na
Publicação (CIP) de acordo com ISBD

G152t Galego, Carlos
Transborda / Carlos Galego ; ilustrado por Vitória Lopes
Baroncelli. - Belo Horizonte, MG : Crivo Editorial, 2021.

140 p. ; 15,5cm x 22,5cm.

ISBN: 978-65-89032-23-6

1. Literatura brasileira. 2. Poesia. I. Baroncelli, Vitória Lopes. II. Título.
2021-2459 CDD 869.1 CDU 821.134.3(81)-1

Elaborado por Vagner Rodolfo da Silva - CRB-8/9410

Índice para catálogo sistemático:
1. Literatura brasileira : Poesia 869.1
2. Literatura brasileira : Poesia 821.134.3(81)-1

CRIVO EDITORIAL
Rua Fernandes Tourinho, 602, sala 502
30.112-000 – Funcionários – Belo Horizonte – MG

crivoeditorial.com.br
contato@crivoeditorial.com.br
facebook.com/crivoeditorial
instagram.com/crivoeditorial
crivo-editorial.lojaintegrada.com.br

TRANSBORDA

Carlos Galego

ilustrações

Vitória Lopes Baroncelli

Crivo

O amor não é um olho brilhando, mas um
brilhar de estrelas a refletir nos olhos.

É a vida em carne crua – dores, fodas,
falhas, vida, morte, silêncio e grito.
– e mesmo assim seguir na caminhada.

O amor provoca
– e provocações são bem-vindas.

Transborda, não se acalma, jorra!

Transborde.

Vitória e Greta Lopes – eterno transbordar
Sonia Martins – pelas leituras de sempre
Cris Escudeiro – um transbordar de inspirações e desejos

O amor não tem gorjeta.
Vale muito,
Nem tem preço.

Falar de amor?
Me nego a falar de amor.
Também não quero escutar.
Não se fala. Amor acontece.

Assim: pá. Vai e segue.

Incondicional.

Por isso te peço que não fale nada.
Não precisa. Um dia ele te encontra,

e você irá escutar em silêncio.
Nas batidas do coração.

A

M

O

R

t

e

c

e

laços, entrelaça histórias.
Almofada para o colo depois de um dia cheio.

Amortece e tece.

[CORAÇÃO]

És rubro, forte e intenso.
Às vezes aperta, noutras: taquicardia.
Dono da dor e da alegria.
Não se contém: e bate, bate, bate.
Igual alma: rasga e se regenera.
Música autoral e cheia de improvisos.
Segue seu ritmo, vive o acaso.
Ignora a razão e tem seus pecados.
Irrigado pelos nossos próprios gestos.
Bate involuntário, mas ao sabor de nosso brilho.

Às vezes
a gente beija pelos olhos,
se toca pelos gestos,
se arde pelo encanto.

[SOBRE PORTAS E JANELAS]

Se abro uma porta é para você entrar.
Não fale nada. Entre.
Deixe janelas abertas.

Não sei direito o que posso lhe dar,
pois o que tenho parece
não interessar ao mundo.

Tenho minhas noites de insônia.
Mas, acordado, sou todo ouvidos,
e pode me usar de colo quente
e cobertor.

Minha estrada, por vezes, é torta,
mas sigo sem pressa e acidentes,
com paradas para contemplar
o céu, o mar e o horizonte.

Trago comigo a loucura.
Dessa eu não abro mão!
Mas te levo nela. Em devaneios,
escrevo sonhos.

E tenho as minhas mãos.
Para afago, abraço e fogo.
Entregar flores, costurar rasgos.
Construir a vida.

Já pleno de si, quero alguém tão pleno de mim
que me deixe seguro em qualquer porto.

Já pleno de si, quero alguém tão pleno de mim
que não veja em ninguém outros planos.

Quero alguém que me dê a sensação de chão firme
no fundo de qualquer oceano.

Entenda, não sou de amar...
Amor eternizado, que nasce
nos sonhos de comerciais.
Sou um cara duro, de
passado absurdo
e destemperos.

Entenda, não sou de negar...
Me entrego para o fogo,
para nascer em dobro.
Sou um cara em chamas,
de passado em brasa
e ardores.

Entenda, pois pouco vou falar...
Quando eu disser te amo,
não é uma onda,
nem o mar.

É um oceano,
desague profundo
(e)terno.

Chegavam em noites desenfreadas
inesperadas percepções.
Um destempero cheio de sabor,
euforias de ritmos frenéticos.

Jogávamos o sol para as favas.
Nos cobríamos de lua,
em outra temperatura,
a música aquecia o frio.

Dança, vinho e gargalhadas.
O sol, antes às favas, voltava,
e todos, em roda, ainda eram lua.

Para corações amados, aconchego.
Para corações gelados, quentes abraços.
Para corações partidos, festa, foda boa e sorvete.
Para todos, amor incondicional

Gostaria que nas badaladas
uma dança nova surgisse.

Mudasse o tempo e as horas,
para que não mais tempo existisse.

Ficaria só a dança ao som dos badalos.
Sem pressa.

E nós.

Ela dança em palavras.
Ele escreve em bailados.

Embalados de paixão,
dança e poesia.

E como ela é linda.

Quantas histórias podem escrever?
Quantas danças podem ter?

Só cabe a eles
escolher a música certa,

dançar com os pés no chão,
e tudo será poesia.

Poderia até indagar se não existe
distância para o amor,
mas tem a proximidade, o querer por perto,
o aconchego, o aperto e todo o resto.

Poderia até imaginar que a distância dá saudade,
mas tem o cotidiano que engole o tempo,
que traz outros cheiros e temperos.

Poderia até acreditar que essa distância daria certo,
mas tem todo o processo de querer ficar junto,
sem segredos nem mistérios.

Poderia querer assim, mas assim não quero.

Falam das bilhões de pessoas, mas acontece uma coisa estranha. Você realmente tem várias opções, mas, de repente, acaba escolhendo só aquela. É como se não houvesse nem dezenas, nem meia dúzia, ou duas ou três. Essa escolha me parece involuntária. Ela te presenteia com um leme e te oferece um mapa para riscar. Um minuto à deriva, mapa em mãos e leme. Só daí vem a decisão de seguir. Essa sim, a única coisa racional das bilhões de pessoas.

Tem gente
que desperta
gente
na gente.

E quando tudo acabar
ficarei ao seu lado.
Começando tudo de novo.

Amar é
a maré

Filhos,

o universo dos ninhos
asas de passarinhos
(e) ternos.

Peito cheio para dizer
com euforia: sou seu.
Venha ser minha.

Ousadia se brinda, se comemora!
Pobre daquele que não ousa
nem aflora

Só há perdão para quem vive
e se explora

Quem arde por dentro
e se apaixona por horas

Para quem ousa a vida
e só comemora

Ame um amor que saiba dançar.
Que pegue na cintura, olho no olho.
Que gire, entrelace as pernas, gingue.
Ame um amor que dance sua música.

Um dia a casa será grande,
do tamanho dos desejos.

Nela caberá cozinha farta,
música, plantas e amigos.

Muito convívio.

Um dia a casa será grande
em poucos metros.

Imensa de amor,
e uma cama de nós dois.

Dizem que somos loucos.   Somos!

Olhando o horizonte
com vento na cara.

Vemos estrelas até
quando não estão lá.

Gostamos da dança,
da música, das palavras.

Choramos ao sonhar.
Sonhamos, veja você,

que não tem lágrimas
para imaginar

essa loucura toda

que chamamos de   amar.

[PARA DESEMBRULHAR SEM RASGOS, CASO ACEITE]

Guardo no peito um amor difícil de compartilhar. Com ele eu trago a alegria e a dor de se entregar. Mas, se eu te der esse presente, saiba desembrulhar. Não abra rápido rasgando o embrulho e, antes mesmo de recebê-lo, sinta primeiro o seu e o meu peito. Não diga de pronto *não* ou *aceito*. Não é brinquedo que vai ganhar. É todo o meu amor que vou te dar.

Não rasgue o verbo.
Costure versos.

É no silêncio
da prosa
que falamos mais.

Sem nós.
Só nós.

Quando o momento é pleno,
nem passado, nem futuro importam.

[SOBRE VOOS E GAIOLAS]

Há quem voe e há quem queira asas.
Quem voa não espera voos altos ou baixos. Apenas voa e segue. Aprendeu que se voa em bando, sem deixar ninguém para trás. Decola e vai longe!
Já quem quer asas finge liberdade, esquece de voar junto com os seus em busca de algum voo novo. Não percebe que já tem asas e seu bando é lindo. Pobre passarinho, acha que está no céu, mas ele mesmo se engaiola.

[BEBERIPAZ]

É destas pequenas
alegrias que falamos.

De uma oferta
de cerveja no supermercado.
De um dedo
de prosa sem gosto amargo.

De um balcão
para encostar o verso.
De uma cadeira, e
uma mesa como universo.

É destas pequenas
alegrias que falamos.

De invisível tão grande
– de difícil mensurar.
Quanto ao resto?
Diz todo o resto do mundo?

Parece algo tolo,
mas tudo vira pouco,
quando temos paz
para bebericar.

Sorrir
é o bem
da alma.

Quero saber das conversas que ficam,
das vontades que deixam,
do que agrega pra vida e pra alma.

Quero saber dos detalhes.
Do verso e da prosa.
O todo sempre será inacabado,

pois o conjunto da obra
se faz por capítulos.

Você é meu livro.
Escrevo, rabisco, proso e verso.

História perfeita.

Um roteiro de tramas e acasos.
Um romance verídico.

Biografia.

Obra toda de novos capítulos.
Livro de cabeceira.

Se eu pudesse voltar as horas,
Ah, se o tempo andasse para trás,
enxugaria tuas lágrimas,
faria ciranda com teu olhar.

Se eu pudesse controlar o tempo,
não daria tempo para o azar.

Mediria cada palavra,
faria silêncio com o olhar.

Se eu pudesse avançar nas horas,
pularia o tempo de espera.
Pois sabemos que é em cada segundo
que a vida se regenera.

Não me dê boa-noite.
Diga até breve, bem baixinho,
quase não querendo dizer.
Só o tempo de abrir os olhos
e te ver, logo ali, ao amanhecer.

[CASAMENTO]

A Lua,
ela e eu.

Acorda, passarinho. Voa!
Longe de gaiolas,
em voo de liberdade.

Acorda, passarinho. Ecoa!
O canto dos libertos
em asas de coragem.

Experimenta sabores,
E descobre amores
em cantos de saudade.

[NOSSA TODA SEMANA]

Para esquecer um sábado triste
Te proponho um domingo alegre,
de pernas para o ar e cama.

Uma segunda-feira de graças,
beijos de bom-dia, café puro
e pão com manteiga.

Uma terça de poesia.
Se tiver sol, eu abro a janela.
Se vier chuva, separo a capa.

Na quarta, um quarto quentinho
depois de um dia de dança.
Na quinta-feira todas as opções.

A sexta-feira ao acaso,
ao som de seus passos,
seguindo no ritmo.

Ah, sábado, já não veremos
a hora de um novo dia chegar.
Para nós, a semana toda.

As roupas, logo cedo, retiradas do varal. Pijamas e ramelas dividiam sorrisos no café da manhã. Cachorros esparramados no quintal. Recolheram as armas, enxugaram as feridas e sentaram-se à mesa. Era domingo.

Amores regados
são amores preservados.

[PROSA DO OLHAR]

Quando o olhar cala o silêncio
e se torna palavra,
a gente fica quietinho...

Só conversando.

De ventos em ventos,
o tempo.
De tempos em tempos,
o vento.

Veleje.

Encha
os olhos de alegria,
a boca de sorrisos,
os lábios de saliva,
o corpo de abraços.

Faça de nós um único laço.

Aflora o amor.
A dor tende a ser menor.

Aflora o amor.
A verdade é o bem maior.

Aflora o amor
e toda flor sem espinhos.

Da vida
só quero beijo
de língua.

Tomara que seja assim:
Tomar você pra mim.
Bebê-la nos braços,
Embriagada de laços.

Tomara que seja assim:
Você também tomada
De mim. Eu de você.
Bebidos de nós dois.

Faz sala comigo.
Como dois anfitriões
prontos para dar e receber
sorrisos.

[VIDA EM SOPRO]

O vento bate em meu rosto. Sinto.
Fecho os olhos. Meu corpo rebate.

Continuo andando.
Somos parecidos. Não temos escolhas.

Quantas vezes ele, vento,
não quis parar de soprar em pleno tufão

ou ser tempestade em calmaria?
Nunca saberemos.

O vento, ponteiro do tempo, ensina.
Tudo é imprevisível.

Nos abraçamos, um encontra o outro.
Nos tímpanos os sussurros do ar.

Estamos despidos de nós mesmos,
transparentes.

Respiro,
pois é preciso respirar.

O instante,
este constante
diamante brilhante
de segundos.

Saudade é
quando a boca salga
longe do mar.

Todo dia,
qualquer data.

Ficarmos juntos
na morada

de nós.

O amor é uma foda bem-dada.

Teu gosto
Teu gozo
Teu rosto
Teu cheiro
Teu suor
Eu
Teu

Abre a boca e encosta os lábios.
Na língua, salivas trocadas.
No corpo, toda a água.

Entrada: música, livros, filmes.
Prato principal: sarcasmo e bom humor.
Sobremesa: beijo na boca e safadeza.

Afortunado amor que se lança
em líricos, empíricos, ardentes.

Clama, canta, geme, grita.
Jorra vísceras, dilacera o corpo.

Escorre na boca, nas pernas
todo o desejo da vida.

No gozo lambuza e silencia
Isso é um amor para toda a vida.

[NA BOCA DA ALMA, SALIVA PROS DENTES, VIDA LATENTE]

Tem melhor expressão
Do que um belo palavrão?
Prova de amor e intensidade.
Verdade com vontade.

Tu é foda!
Puta que pariu, que delícia!
Vai tomar no cu, vem logo!
Porra, que vontade de você!

Te amo pra caralho!
Palavrão é corpo quente,
Nervo pulsante,
Amor latente!

Seu corpo continua
inteiro no cheiro
do meu travesseiro.

Gosto do teu gosto, do teu cheiro,
da tua risada e cabelo.

Gosto do tom de pele, dos teus trejeitos,
da calmaria e exagero.

Gosto da tua saliva, da tua cerveja,
e do conhaque.

Gosto da tua dança, tuas saias rodadas,
das gingadas e giros.

Gosto do teu carinho, da tua boca,
e dos meus arrepios.

Gosto da tua vulva pegando fogo,
e molhada.

Gosto das tuas coxas, dos pés
e do pescoço,

e de tuas pintas, que, como arte,
pintam a paisagem.

Gosto de cada pedaço
e de você inteira.

Você é este prazer
De molhar os dedos,
Folhear as páginas
E contar histórias.

Vem fazer fogo na lareira,
brasa na casa inteira
e deixar a louça suja.

[BAILE DE LÍNGUAS]

Envolvente dança entre o par de bailarinas.
Sincrônica harmonia no improviso das línguas.
Musicalidade nas caixas acústicas de lábios.
Coreografia regida pela saliva.
Já no céu de minha boca...
Estrelas.

Somos dois vagabundos,
felinos noturnos,
amantes da lua.

Somos dois vagabundos,
felinos noturnos,
se amando na rua.

Te chamo: venha!
Nesta e em todas as noites.

Porque é lua, e ela é cheia.
Te amo: me tenha!

Um dia,
sei lá,
na vida.

Te encontro
num bar,
sei lá,

Para conversar.

Sei lá
o que se passa.

Sei lá
onde vai dar.

Saudade:
Aquele teu gosto
que não sai
da minha boca.

Somos feitos
de carne, osso
e muitos beijos no pescoço.

Um estampou o sorrisão no rosto,
o outro até virou o pescoço.
Fodeu – já eram ambos.

Em versos eu fico. Espero.
Que suas pernas um dia passem aqui.
Caminhem, de certo, por perto.

Em goles nos degustamos
embriagados em carvalhos lúcidos.
Bebemos sem saciar a sede,
tragamos pelo prazer de saborear.
Somos garrafa cheia.
Boa safra.

Os pés já faziam dengos –
sola, peito do pé, dedos.
Pernas se fundiam
na dança dos pelos.
Corpos viraram línguas.
No beijo do corpo,
tudo saliva.

Mexe com meus cachos,
chacoalha minha cabeleira,
desembaraça nós.

[REMÉDIO]

Tomá-la em meus braços.
Abrir a boca para pílulas de amassos.

Doses diárias de carícias.
Tirar a roupa para injeções de afago.

Se arrepiar? É febre de hipotálamo.
Diagnóstico perfeito! Estarei curado.

Corpo quente,
pernas trêmulas.

Mãos são cobertor.
Líquidos também.

Aquecem o inverno
a dois.

Ele? Um pão.
Ela? Uma manteiga derretida.
Toda manhã saboreiam a vida.

Sua trança é minha trama,
que me pega pela entranha
e me embaraça com desembaraço.

Um laço só.

Cobre a pele de pelos.
Faz do peito travesseiro.
As pernas como lençóis.

Somos sonhos lançados.
Um o pedaço do outro.

A foda para o gozo
O sorriso para a face
Mãos tocando na pele
Carne para a alma
Alma para o caminho

Somos o que destino
nos deu. Nós dois.

Não negue, pegue fogo
se entregue.

Não negue, abra o jogo
e o zíper.

Não negue, pegue fogo
e me pegue.

Troque vícios de linguagem
por línguas viciadas em saliva.

seja pétala
e ela será flor.

Ela ama o beijo, o toque, o cheiro.
O olho que brilha
e o sono manso no travesseiro.

Liberdade, amor e calma no olhar.

[POR TI]

És porto.

Lugar em que fico,
onde ponho meus olhos,
doo meu peito.

Em ti
aporto.

Quando olhares viram vozes
a conversa flui.

Às vezes são momentos,
pequenos detalhes que eternizam,
cheiros que ficam no ar.

São vontades.

Tece
Tua tez
Toda
Em mim
Toda
Tua
Tez
Tece

Pensei em revirar o armário,
procurei nos móveis da sala,
até travesseiro abracei.

Nada tinha teu corpo,
teu rosto e teu cheiro.

Te imaginei olhando
as plantas, e tu és
jardim inteiro.

Te encontrei.

Com você quero dança, música e poesia.

Quero o mundo todo –
e um canto só para nós.

Ao nascer do dia,
antes do sol,
tu me iluminas.

Ao meio-dia,
com sol a pino,
tu me refrescas.

À noite, meu desejo.
Faz sol em mim
tua lua.

Ser honesto
honra seus gestos
e modifica todo o resto.

Cheiro de café sobe em fumaça.
Xícara massageia os lábios em sopro.
Você diz: que delícia! Eu concordo.
O café e a sua companhia.

Eu, ela.
Festa completa.
Casa repleta
de nós.

Ela é boa com as palavras.
Sabe se expressar e conhecer.
É vivida de outras vidas.
Safa. Safada e ativa.

Tem vida e eu gosto de viver.

Esteira e almofada,
nós dois na sala
e mais nada.

Que tal cobrir suas dúvidas com um cobertor?
A dois.
Quentinho.

Para cada hora do dia,
Para qualquer momento da vida:

Um melado de palavras,
Um pedaço de carinho,

Doses de amor em versos,
Olhares sugerindo a vida.

Que viva raiando todos os dias
Com café, pão e poesia.

Para cada flor no chão
um jardim inteiro para ti.

Teu rumo,
meu curso.
Nossa história.

A tua boca,
como nau,
navego.

Dorme tranquilo
teu cheiro
em meu travesseiro.

Quando o corpo atiça,
as unhas arranham a pele,
e tem lambida nos pelos.
Não chamo de gato,
chamo de poesia.

Amor é peito cheio.
Respire.

Tem dias que sorrimos mais,
noutros nem tanto.

Mas sempre tem o céu
e o eterno caminhar.

Hoje vou comemorar.

Olhar de sol,
Peito de mar.

Flutuar em brilhos,

Irradiar!

Eu me declaro seu!
Tu te declamas minha!
Ela já é distante...
Nós, um plural de singulares!
Vós, desejai-nos o bem!
Eles que se encontrem também!

Não me bastam metades.
Qualquer metade que seja.
Quero completo, por inteiro.

O copo sempre cheio.

Não me bastam cantos da boca.
Quero o lábio todo, sorrisos fartos.
Saltos mortais, longos precipícios.

A busca das estrelas.

[FLORES EM CONTA-GOTAS PARA UM IMENSO JARDIM]

Pensou que poderia se afogar,
mas cada gesto veio a conta-gotas.

Irrigando o solo,
lavando a alma,
hidratando a pele.

Nada ficou seco nem encharcado,
e o que transbordou foi o sorriso.

Para frio e céu cinza:
cobertor de pele,
calor humano,
noite em concha.

Flor para qualquer estação.

Ela é intensa.
Lábios afirmam a palavra eterna.
Ela é toda dela.

[INÍCIO]

Tem dias que nos falamos,
noutros não dizemos nada.

Tem dias que grudamos,
noutros damos espaço.

Tem dias que nos encontramos
para nos achar e somar.

Não quis declaração pública,
mas sim declarações únicas.
Unidas de certeza.

Ao acordar, percebeu
que algo mudou,
embora todas as
coisas estivessem
no mesmo lugar.
Era seu próprio
despertar.

Todas as Anas andaram em mim:

Adrianas,
Elianas,
Dianas,
Luanas,
Rosanas,
Silvanas...
...e fazendo curva em N seguiram

e e
b e c
o d s
- num s e

de *inas*:

Betinas, Caterinas, Georginas, Valentinas,
Marinas, Melinas, Reginas...

...E chegou ***Cristina***

numa
c
u
r
v
a
singular

um convite à vida.

Encosto o antebraço no muro. Na mão, um cigarro. As luzes dos postes tiram a penumbra da noite. Vento na cara. Seis minutos antes de seguir no metrô. Abro a tela. Vejo seu rosto e uma mensagem. Palavras. Do outro lado, ela diz ler um livro. Quem troca livros conta histórias. Deixo correr um minuto a mais. Esse é dela. Sete minutos. Perfeito. Número da sorte. O tempo. Até em sorte me faz acreditar. Que sorte ser a número um. E ler. Ela. Meu número certo. Último trago. Envio um beijo de tchau. Entro no vagão e sigo.

[DE MÃE]

Há mar
Amor
Há mãe

Em qualquer canto, um conto,
um encontro.

Meia-luz que acende todo
o ambiente.

Nossos cantos são só nossos.

Estava ali. Guardado. Num canto
do armário da alma. Estava ali.
Calado. Num tumulto de vozes.
Estava ali. Sereno. Esperando
um sopro do vento. Veio com
dança, poesia e festa. Veio
de longe, de outras épocas.
Como um sinal, uma luz que
acende. Um chamamento, uma
chama que brilha. E trouxe a
gentileza, a verdade, a fluidez.
E trouxe tudo aquilo esquecido
outra vez. E trouxe, talvez, o
que ainda nem tinha vindo.

Na alma guardada, você.

Um sol
para uma lua.
Universo de nós.

Daqui até Marte,
a arte de amar-te.

Vai
que a vida
em chamas.

Gratidão é abraço forte.
Um olho que brilha sem palavras.
Texto curto.

Um obrigado sem ter obrigação.
A consideração de um gesto alheio.
Amor ao próximo.

Sorrir para o sol,
caminhar com a lua
e entender a imensidão do céu.

Amar é
quando o coração
bate no olhar.

[AMIZADE É VIDA]

Falo da vida, da corrida do dia a dia.
Falo das escolhas,
das vivências.

Falo do caos, da batalha do dia a dia.
Falo das pedras
e das flores.

Falo do que fica, do que significa.
Nostalgia é para os tolos,
Amizade é vida.

A gente assim,
sem fim.
No infinito de nós dois.

Na dúvida
fique com
as certezas.

Vai com tudo!
No rosto, sorriso
para enfrentar os inimigos.
No bolso, linha e agulha
para costurar o coração
e alfinetar se for preciso.

A gente fica por aqui
enfrentando o que vier.
E que venha o que tiver
que ser: nós por aqui.